PLANS

COUPES, ÉLÉVATIONS

ET DÉTAILS

DE

L'ÉGLISE

RUE DE MONTYON, A PARIS

D'APRÈS LE DÉSIR DE S. M. L'EMPEREUR

SOUS L'INVOCATION

DE SAINT EUGÈNE

PATRON DE S. M. L'IMPÉRATRICE

Tels qu'ils avaient été adoptés, et dont l'exécution a été commencée en Avril 1854

PAR A.-L. LUSSON

Ancien Architecte des Travaux publics, ancien Commissaire-Voyer de la ville de Paris

AUTRES OUVRAGES INÉDITS

Constructions rurales au meilleur marché possible — Monuments antiques et modernes de la Sicile,
Palais et Maisons de Naples — Projet d'un Collège modèle pour trois cents élèves pour la ville de Paris, divisé en petit et grand Collège,
Plan de réunion du Louvre aux Tuileries comprenant la Bibliothèque royale & des Galeries pour l'Exposition
des Produits de l'Industrie française,
Projet d'Archevêché terminant l'Ile de la Cité et se rattachant à l'Église Notre-Dame de Paris,
Recueil de trente Fontaines monumentales (Spécimen d'Architecture gothique),
Projet de grande Ligne de Chemin de Fer de Paris à l'Océan,
Description des principaux Monuments de Munich, Projet d'un Théâtre d'Opéra pour
la ville de Paris, etc., etc.

PARIS

A.-L. LUSSON, ARCHITECTE, BOULEVART DE LA MADELEINE, 17.

1855.

PLANS
COUPES, ÉLÉVATIONS
ET DÉTAILS
DE
L'ÉGLISE
RUE DE MONTYON, A PARIS

D'APRÈS LE DÉSIR DE S. M. L'EMPEREUR

SOUS L'INVOCATION

DE SAINT EUGÈNE
PATRON DE S. M. L'IMPÉRATRICE

Tels qu'ils avaient été adoptés, et dont l'exécution a été commencée en Avril 1854

PAR A.-L. LUSSON

Ancien Architecte des Travaux publics, ancien Commissaire-Voyer de la ville de Paris

AUTEUR DES OUVRAGES INTITULÉS :

Constructions rurales au meilleur marché possible; Monuments antiques et modernes de la Sicile;
Palais et Maisons de Naples; Projet d'un Collége modéle pour trois cents élèves pour la ville de Paris, divisé en petit et grand Collège;
Plan de réunion du Louvre aux Tuileries, comprenant la Bibliothèque royale et des Galeries pour l'Exposition
des Produits de l'Industrie française;
Projet d'Archevéché terminant l'île de la Cité et se liant avec l'Église Notre-Dame de Paris;
Recueil de trente Fontaines monumentales; Spécimen d'Architecture gothique;
Projet de grande Ligne de Chemin de Fer de Paris à l'Océan;
Description des principaux Monuments de Munich; Projet d'un Théâtre d'Opéra définitif
pour la ville de Paris, etc., etc.

PARIS
A.-L. LUSSON, ARCHITECTE, BOULEVART DE LA MADELEINE, 17.

1855.

INTRODUCTION.

Depuis un demi-siècle la population de Paris a augmenté de plus d'un tiers ; la ville, par conséquent, s'est considérablement agrandie, et sa superficie aujourd'hui est immense. Mgr l'archevêque de Paris et M. le préfet de la Seine avaient reconnu depuis longtemps l'insuffisance des églises, qui d'après un accroissement aussi important ne se trouvaient plus en rapport avec la population ; Paris étant devenu, en outre, un centre de manufactures qui rendaient indispensable l'emploi d'un grand nombre d'ouvriers auxquels un travail incessant ne laissait pas le temps nécessaire pour donner à leurs nombreux enfants une éducation convenable sous le rapport moral et religieux.

Monseigneur prévoyant qu'il ne pourrait obvier à ces graves inconvénients, sans un plus grand nombre d'églises, fit des démarches et des instances auprès de la ville, afin qu'elle voulût bien en construire de nouvelles qui devenaient de plus en plus d'urgente nécessité. Il fallait instruire et diriger cette immense quantité de jeunes enfants privés des soins et de la surveillance des parents.

L'administration municipale et M. le préfet, dont on connaît l'infatigable bienveillance pour les classes laborieuses et l'amour éclairé pour les beaux-arts, comprirent très-bien la nécessité signalée, mais il ne fallait pas songer à imposer au budget de la ville, considérablement accru par les événements, de nouvelles et lourdes charges ; l'édilité parisienne voulant surtout faire construire des églises dignes de ce grand foyer de l'intelligence artistique.

Dans ces circonstances, l'administration se voyait donc obligée de renvoyer à un temps éloigné les projets que réclamait avec justice Mgr l'archevêque. Cet ajournement affligea profondément ce digne prélat, puisqu'il reportait à plus de dix ans la construction de ces églises. Tout en se rendant aux bonnes raisons qui lui étaient données, Monseigneur ne voulait cependant pas perdre un instant pour arriver au bien qu'il désirait obtenir, il chercha un moyen qui permit de réaliser immédiatement ses bonnes intentions pour cette nouvelle population, objet de son affection et de toute sa sollicitude. Bientôt après, il réclamait de l'administration municipale l'autorisation de faire construire de petites églises provisoires qui, pouvant s'élever en peu de mois, le mettraient en mesure d'entrer promptement dans la voie d'amélioration qu'il désirait obtenir et donneraient ainsi les moyens d'attendre que la ville pût

exécuter ses beaux projets. **M.** le préfet s'empressa d'accepter cette proposition, tout
en regrettant de ne pouvoir faire lui-même ce que demandait Mgr l'archevêque de
Paris. Quelques petites églises furent donc exécutées d'après les intentions du véné-
rable prélat, et la charité publique l'encourageant dans cette bonne œuvre, plusieurs, d'une dimension passable, furent construites sans efforts. Les espérances de
Mgr l'archevêque commencèrent donc à se réaliser; beaucoup de personnes qui
s'étaient vues jusque là dans l'impossibilité de suivre le service divin, les édifices religieux étant trop éloignés, purent y assister régulièrement tous les dimanches, et
grand nombre de mariages qui n'avaient eu lieu qu'à l'État civil, se virent consa-
crés à l'église. Les dons de la charité publique augmentèrent en raison du succès
qu'obtenaient les bienfaits de Monseigneur. Ce digne prélat eût voulu pouvoir faire
exécuter les douze églises qu'il croyait indispensables; cela n'était malheureusement
pas possible.

Les rapports directs et presque d'intimité que j'ai eu l'honneur d'entretenir suc-
cessivement avec trois archevêques de Paris, m'avaient mis à même de connaître en
détail les besoins des églises et ce qui était convenable pour le service religieux. Sensible à une haute bienveillance, je désirais vivement aussi trouver l'occasion d'en
témoigner ma reconnaissance.

Cette occasion se présentait enfin; l'archevêque me chargea de construire une
nouvelle église provisoire au meilleur marché possible.

Voulant coopérer, autant qu'il était en mon pouvoir, aux bienfaits de Monseigneur,
j'eus l'idée de construire dans moins d'une année des églises définitives et presque
monumentales dont la dépense, bien que au-dessus de celle faite pour des édifices con-
struits en pans de bois, serait cependant peu considérable, en mettant à profit le système nouveau de constructions en fer.

Un grand nombre d'années de pratique m'encouragèrent dans cette idée. Je visitai
avec soin les églises construites provisoirement, et je fus convaincu que ce que j'avais
conçu était réalisable; Monseigneur encouragea mes projets, qui lui furent soumis, et
me chargea de trouver un emplacement pour construire l'église destinée au quartier
Poissonnière, tâche bien difficile, les terrains y étant fort chers.

Ayant été pendant dix ans commissaire voyer de 1re classe de la ville de Paris, mes
fonctions m'obligeaient d'en bien connaître toutes les divisions. Je me rappelai que M. le
comte R... avait un hôtel considérable dans ce quartier, avec un grand jardin; qu'il
serait peut-être possible d'en acquérir une portion; Monseigneur eut la bonté de me
donner une lettre, et je fus parfaitement accueilli par **M.** le comte R.... Mais il exis-
tait des baux, et, malgré mes démarches auprès des locataires, il fallait attendre trop
longtemps.

Dans cet intervalle, l'on vendit les terrains des Menus-Plaisirs: le prix en était moins
élevé que celui des terrains du voisinage. Je fus prié de me rendre acquéreur d'un ou
plusieurs lots; mais, comme il n'était pas convenable que je restasse propriétaire de
l'église, je conseillai de céder mon acquisition à un ecclésiastique. L'administration
ne le voulut pas d'abord, attendu que j'offrais des garanties que l'ecclésiastique ne
pouvait pas donner; par des démarches qu'il est inutile de rappeler ici, j'obtins
cependant ce changement de nom.

Ce terrain n'avait pas tout à fait assez d'étendue pour une église de l'importance de
la nouvelle paroisse; je vis le propriétaire du terrain voisin, qui, après les explications
que je lui donnai sur le service qu'il rendrait au diocèse, me dit qu'il me céderait ce
qui serait convenable. Je fis alors deux projets, l'un avec l'emplacement qu'il devait
céder, et l'autre avec celui déjà acquis.

Nous commençâmes donc nos travaux.

Pour m'assurer que mes idées étaient bien comprises, je fis faire en bois un
modèle en relief, et d'assez grande dimension, qui permettait de juger l'intérieur et
l'extérieur de l'édifice; ce modèle fut envoyé à l'archevêché, où il resta plusieurs se-
maines.

Monseigneur, après l'avoir examiné sur tous les points, parut émerveillé, et me dit :
« Cette église sera un véritable bijou. Je ne puis croire, Monsieur Lusson, que vous
« ne vous soyez pas trompé dans vos calculs de dépense. »

Pour m'assurer que cette dépense ne serait pas dépassée, j'avais fait les devis et ré-
digé des marchés qui assuraient qu'elle ne le serait effectivement pas.

Le plus grand honneur que je désirais obtenir, comme architecte de cette église,
était de l'exécuter en moins d'une année, tout en la construisant solidement et d'une
manière presque monumentale ; ma combinaison consistait à employer le fer pour
les voûtes, la fonte pour les colonnes, peu de pierre de taille, qui coûte environ 120 fr.
le mètre cube, et le plus possible de moellon, qui est bien suffisant et ne revient qu'à
20 fr. le mètre cube. Les anciennes maisons de Paris presque toutes construites en
moellon, durent depuis plus de trois siècles.

Toutes les églises à plusieurs nefs et bas-côtés ont des gros piliers qui empêchent
les assistants de voir les cérémonies religieuses et le prêtre officiant à l'autel. Cet in-
convénient est insurmontable avec les constructions en pierre, tandis qu'avec ma combinaison de colonnes en fonte, les points d'appui sont si minimes qu'ils n'intercep-
tent la vue d'aucun endroit de l'église. Pour mettre en harmonie la décoration de
ces petits piliers, j'ai cru convenable d'employer l'architecture gothique dont l'élé-
gance se lie assez bien avec cette pensée et dont le style en général convient aux monuments religieux. Le genre d'architecture adopté m'a encore donné l'idée de trans-
porter à l'intérieur les contre-forts qui sont toujours à l'extérieur des églises gothiques,
ce qui m'a procuré des divisions pour placer convenablement les autels et les confessionnaux, ainsi que des tribunes au pourtour intérieur de l'église, peu élevées et presque au niveau du prédicateur en chaire de manière qu'on puisse apercevoir également
les cérémonies religieuses et les prêtres officiants. Ces tribunes sont d'un avantage
immense ; elles permettent de placer un plus grand nombre de fidèles dans l'église et
donnent un produit, par les chaises, de 10,000 fr. environ chaque année, sans aug-
menter les dépenses de construction d'une manière sensible. Il existe aussi des tribunes dans d'autres églises, même à Notre-Dame, mais elles sont tellement élevées
que l'on n'y entend rien et que l'on ne peut voir les cérémonies du culte.

Ce système permet enfin l'emploi du plâtre pour les voûtes qui peuvent être décorées
à peu de frais ; les fermes sont composées de deux courbes. Il existe, en conséquence, un
courant d'air entre les voûtes et la couverture, ce qui permet en outre d'avoir du jour
dans la voûte, de manière à obtenir toute la clarté désirée.

Si cette combinaison obtenait l'assentiment de l'administration et du public, j'épargne-
rais des dépenses considérables à la ville de Paris, je donnerais aux villes peu riches,
surtout à celles qui manquent de pierre, l'avantage d'avoir des églises au moins conve-
nables, où les colonnes sont si minimes, que, sur tous les points de l'édifice, les fidèles
se trouveront bien placés pour les grandes cérémonies religieuses et pourront voir les
prêtres aux autels, ce qui est impossible dans les églises construites en pierre.

Comme c'est à Paris que la serrurerie coûte le moins cher, une grande partie des
ajustements y étant faits par des moyens mécaniques, ce qui diminue considérablement
la main-d'œuvre, on pourrait presque sans frais en envoyer, même en Algérie, soit par
les chemins de fer, soit par les bateaux à vapeur.

Mgr l'archevêque fit l'éloge de mon plan et de ses heureuses combinaisons,
en l'adressant à M. le préfet pour obtenir *promptement les alignements* sur les deux
rues. Un pan coupé était tracé sur les plans de la ville ; j'écrivis à M. le préfet pour le
prier de ne pas exiger l'exécution de ce pan coupé, qui gênait la décoration de l'église,
et, sur les raisons que je développai, il eut la bonté d'y renoncer. Les travaux, qui
avaient été suspendus sur cette partie, furent continués.

Mgr l'archevêque de Paris, dont l'administration a tant d'importance, avait confié la
surveillance de l'érection de cette église au secrétaire général de l'archevêché, M. l'abbé
Coquand, futur curé de la nouvelle paroisse.

S. M. l'Empereur avait manifesté le désir que cette église fût érigée sous l'invocation de saint Eugène, patron de S. M. l'Impératrice ; et comme le terrain ne permettait pas de donner tout le développement que méritait une si haute sollicitude, je fis tous mes efforts pour que l'ensemble de cette église fût le plus digne possible d'une si noble pensée.

Me trouvant encouragé dans mes travaux, je redoublai de zèle et fis des études immenses pour me rendre digne de cette attention. Je continuai à m'occuper des détails en grand ; les épures des fermes en fer furent tracées avec les modèles des colonnes pour les fondeurs, afin d'exécuter cette église dans moins d'une année ; ces constructions avaient déjà du retentissement, mais beaucoup de personnes en entravaient les progrès et l'avancement en voulant y coopérer.

A ce moment on voulut introduire des modifications à mon projet, qui en détruisant l'harmonie de l'architecture de l'église, lui enlevaient le caractère religieux que je m'étais appliqué à lui donner, doublaient, en outre, les dépenses et entraînaient à leur suite un procès inévitable. Ma position dans les arts ne me permettait pas de continuer la construction de cette église avec une semblable perspective. Je crus de mon devoir de renoncer à l'honneur de la direction de cet édifice, ayant surtout promis à Mgr l'archevêque de ne pas dépasser les sommes qui avaient été annoncées.

M. l'abbé Coquand ne l'a pas craint ; à lui donc la responsabilité. L'avenir prouvera si j'avais raison.

Il fallait que je fusse bien convaincu de tous les inconvénients signalés ci-dessus pour renoncer à continuer mes travaux, la construction d'une église étant toujours la plus grande ambition d'un architecte, surtout au moment où j'étais mis à même d'utiliser mes études et d'être le premier à édifier un monument d'après des combinaisons nouvelles qui pouvaient me faire honneur.

Mais pour que le public puisse juger si mes prévisions ont été fondées, j'ai fait graver mes plans et dessins, et je pense que chacun pourra les apprécier, surtout si l'on veut bien lire attentivement la description de l'église Saint-Eugène, telle que je l'avais conçue.

EXPLICATION DES PLANCHES.

PLANCHE 1ʳᵉ.

Plan Général.

Cette Église est, par sa forme, une imitation des basiliques chrétiennes; son plan offre un parallélogramme rectangle, une grande nef de dix mètres de largeur sur trente-cinq mètres de longueur, non compris le chœur, l'abside et le porche; les deux bas-côtés sont de même longueur, de cinq mètres de largeur, et les chapelles latérales de deux mètres de profondeur sur cinq mètres de largeur. Au fond de l'abside est placé le maître-autel; en avant, quatorze stalles pour les prêtres, à gauche, en face le bas côté, la chapelle Saint-Eugène; à droite, la chapelle de la Vierge. L'abside et les deux chapelles sont éclairés chacun par trois croisées ogivales. Derrière l'abside se trouvent : à gauche la sacristie des prêtres, à droite celle des chantres, et entre les deux sacristies le trésor, qui sert de communication entre ces deux sacristies. De chaque côté du maître-autel sont deux larges portes donnant entrée aux deux sacristies pour les grandes cérémonies religieuses. Derrière le maître-autel est ménagé un intervalle et une petite porte qui permet de monter au niveau du tabernacle pour placer facilement les divers ornements. Dans les sacristies sont réservés un cabinet pour M. le curé et un autre pour le prédicateur afin de se recueillir avant de monter en chaire.

Sur les bas-côtés, adossés aux façades latérales, sont quatorze divisions, dont huit pour recevoir convenablement les confessionnaux, les autres pour les six chapelles latérales, ce qui leur donne entre elles un espace d'au moins dix mètres, suffisant pour ne pas être distrait par l'office de la chapelle voisine.

Au-dessus des confessionnaux et des autels sont placées les tribunes.

A gauche du porche est la chapelle des mariages mixtes; à droite la chapelle des baptêmes; au-dessus du porche la tribune de l'orgue.

Aux quatre angles de l'église sont placés des escaliers pour monter aux tribunes; celui de gauche à l'orgue et au clocher; celui du fond à gauche à la tribune D, et aux logements du sacristain et du suisse pratiqués au-dessus de la sacristie des prêtres et des chantres; l'escalier du fond à droite, au petit étage sous-sol au-dessous des sacristies où sont placés les salles de dépôt, les cabinets à l'anglaise, le calorifère et les caves au bois et au charbon, etc., etc.

Les quatre escaliers ont des portes de sortie sur la rue et dans l'église, de sorte qu'avec les cinq portes du porche on a neuf entrées et sorties dans l'Eglise, plus les deux portes des sacristies, ce qui rend impossible tout encombrement.

Sur le plan, nous avons tracé avec des lignes ponctuées les compartiments des voûtes, dont la combinaison est facile à décorer, soit en peinture ou en sculpture, avec plus ou moins de richesse. Dans la nef sont quatorze jours circulaires et presque verticaux qui donnent beaucoup de clarté et permettent de bien ventiler l'église.

Il y a en outre, dans l'intérieur, seize croisées sur les faces latérales qui sont au niveau des tribunes, ce qui permet encore de ventiler et de modifier la lumière. Plus les neuf croisées de l'abside et des chapelles, les deux croisées de la façade principale et la grande rose au-dessus de l'orgue. Ces jours sont plus que suffisants pour donner toute la clarté désirable.

PLANCHE II.

Façade principale.

Comme dans toutes les autres parties de l'église, la forme triangulaire domine ici.
Cette forme, on le sait, a été de tout temps symbolique; chez les peuples de l'antiquité
elle était l'emblème de la divinité et de l'éternité. Les nations chrétiennes y attachent la
même idée; elles y voient, en outre, le signe de la sainte Trinité   .

Au milieu de cette façade est un porche à trois arcades, qui permet de se recueillir
avant d'entrer dans l'église : cinq portes y sont pratiquées, de manière à éviter tout
encombrement, pour l'entrée et la sortie, les jours de fête. La principale décoration de
cette façade consiste en six pilastres ou contre-forts, semblables de forme sinon de
dimension : deux servent à fortifier les angles de l'édifice, deux encadrent la porte du
milieu, les autres les croisées et les deux niches couronnées d'un dais où sont placées les
statues de saint Eugène et de sainte Eugénie. Ces contre-forts indiquent la division
intérieure de l'église; ils sont terminés par des clochetons, et reçoivent les rampants des
frontons triangulaires. Au milieu de cette façade est une rose, au-dessus un cadran. Le
grand fronton est surmonté d'un clocher, qui termine cette façade. Nous avons donné
peu d'importance à ce clocher, et cela par économie. A Paris, les clochers sont presque
inutiles; mais le plan est composé de manière à en établir un plus considérable.

PLANCHE III.

Façade latérale.

Cette façade, malgré sa grande simplicité, a le caractère de sa destination. Aussi bien
que pour la précédente qui est plus ornée, dix pilastres, ou contre-forts, surmontés de
clochetons, encadrent les neuf croisées et reçoivent les rampants des frontons triangulaires qui donnent à la façade du mouvement et de la variété.

Dans le soubassement sont trois portes et une croisée de la sacristie, celle de gauche
donne entrée à ladite sacristie, qui est surmontée d'un petit étage pour le logement du
sacristain et du suisse. Les deux autres portes à droite donnent entrée dans l'église et aux
escaliers des tribunes.

PLANCHE IV.

Coupe transversale.

Cette coupe est prise dans la largeur de l'église en regardant l'abside et le maître-autel.
Elle indique la combinaison des voûtes ogivales et des tribunes.

Le maître-autel est assez élevé pour que le prêtre officiant soit en vue de tous les
fidèles.

L'abside et la chapelle de la Vierge et de saint Eugène sont éclairés chacun par trois
croisées.

Au-dessus de l'autel de la chapelle saint Eugène est une niche couronnée par un dais
où serait placée la statue du saint et dans les vitraux des croisées des peintures historiques
de sa vie.

La chapelle de la Vierge est aussi décorée au-dessus de l'autel d'une niche couronnée
d'un dais, avec la statue de la mère du Sauveur. Dans les vitraux des croisées, des peintures allégoriques, etc., etc.

PLANCHE V.

Coupe longitudinale.

Cette coupe est prise au milieu de la nef et dans toute la longueur de l'église. Les huit colonnes de la nef la divisent en sept parties, où sont placés les autels et les confessionnaux. Au-dessus, les tribunes ; à droite, le porche et au-dessus la tribune de l'orgue.

A droite de l'abside, est le chœur, où se trouvent les stalles pour les ecclésiastiques. Presque au fond de l'abside, le maître-autel s'élève d'un mètre au-dessus du niveau du sol de l'église, pour en faciliter la vue aux fidèles ; derrière cet autel est ménagé un intervalle, de manière à pouvoir monter à la hauteur du tabernacle. Si un plus grand nombre de stalles était nécessaire, on pourrait avancer le maître-autel comme à la Madeleine, et placer derrière les stalles.

Dans les chapelles latérales ou bas-côtés au-dessus des autels, sont des niches surmontées de dais, destinées à recevoir les statues des saints ou saintes. Ces autels et confessionnaux sont disposés convenablement et à une assez grande distance les uns des autres, pour que les assistants ne soient pas distraits.

Cette église a onze autels, compris celui de la chapelle des mariages mixtes et des baptêmes ; elle pourrait contenir, avec les tribunes, 6,500 personnes debout et 3,250 avec chaises.

RÉSUMÉ DU DEVIS ESTIMATIF.

MAÇONNERIE.

864 mètres 68 centimètres cubes de fouilles avec jet à une banquette, compris roulage, chargement et enlèvement aux décharges à 4 fr.	3,446 fr. 72 c.
430 mètres 82 centimètres cubes de fouilles id. à une banquette, reprise de terre, remblai et pilonnages à 1 fr. 10 c.	473 90
364 mètres cubes de beton silex et mortier de chaux hydraulique à 18 fr.	6,552
13 mètres 20 centimètres cubes de pierre neuve pour libage à 74 fr.	976
50 mètres cubes de pierre de Roche-Bagneux, vaut, le mètre compris évidements, parements et toutes tailles, 150 fr.	7,500
20 mètres cubes de pierre de Vergelet valant, compris évidements, parements et toutes tailles, à 100 fr.	2,000
2,150 mètres cubes de mur en moellon neuf, partie hourdée en mortier et grande partie en élévation et idem pour piliers vaut le mètre cube prix réduit 19 fr. 50 c.	41,925
4,520 mètres superficiels de légers ouvrages en plâtre pour enduits, moulures, décors, etc, vaut le mètre 3 fr. 10 c.	14,012
Les articles estimés à prix d'argent s'élevant à la somme de.	15,500
Total général,	92,385 fr. 62 c.

SERRURERIE ET COUVERTURE EN TOLE GALVANISÉE OU ZINC.

DÉTAIL D'UNE GRANDE FERME DE LA NEF ET D'UNE PETITE DES BAS-CÔTÉS.

Pour la moitié seulement, savoir :

65 mètres cornière de 00 60, à 6 k. 50 le mètre. .	422 k.	50
Pour le demi sabot du faitage.	40	00
Pour le sabot entier de la petite ferme.	40	00
14 potelets ensemble, 7 mètres à 5 k. 15 le mètre.	36	05
14 croisillons ensemble, 28 mètres à 5 k. 15 le mètre.	144	20
L'entrait au dessus de la petite ferme.	33	50
Les diagonales.	30	90
Les portées *à plomb* de la colonne assemblée entre les deux fermes.	12	00
A reporter.	759	15

Report.	759	15	
1 ancre en fer rond de 00 35.	7	50	
Les fourrures.	10	00	
Les rivets et boulons.	40	00	
Total.	816 k. 65		
L'autre partie semblable.	816	65	
Total d'une travée	1,633 k. 30		1,633 k. 30

DÉTAIL D'UNE TRAVÉE DES BAS-COTÉS.

Pour la moitié, savoir :

Les neuf pannes armées de chacune cinq mètres de longueur, composées de deux parties en fer cornière à 27 k. 50 le mètre.	1,237 k. 50		
Fers pour remplissage et pour lier les plâtres du plafond 430 mètres.	408	00	
Fers pour les chevêtres.	40	00	
Ogive entre les grandes colonnes composée de deux cornières de 00 m. 050 mil.	109	20	
Six potelets.	12	60	
Douze croisillons.	100	80	
Quarante mètres de fer pour remplissage.	38	00	
Les deux arêtiers des bas côtés.	500	00	
Total pour la moitié.	2,446 k. 10		
L'autre côté en tout semblable.	2,446	10	
Ensemble.	4,892	20	4,892 20
Total général du poids d'une travée.			6,525 k. 50
Et pour sept travées semblables.	45,678 k. 50		
Les parties du fond et de l'entrée considérées comme deux travées	13,051	00	
Total.	58,729 k. 50		
Les 58,729 k. 50 à 80 cent. le kil.			46,983 r. 60
Les trente-deux colonnes de 12 mètres, y compris les retombées des fermes à 1,730 k. l'une, ensemble	55,360	00	
Les seize retombées principales des chapiteaux placées sur les contreforts, à 400 k. l'une.	6,000	00	
Total général de la fonte.	61,360 k. 00		
Les 61,360 k. de fonte sur modèle à 50 c., ci.			30,680 00
Les travaux estimés à prix d'argent pour la serrurerie et couverture en zinc ou en tôle galvanisée.			15,000 00
Total général.			92,663 fr. 60

RÉCAPITULATION.

1° Maçonnerie et terrasse	92,385 fr. 62
2° Serrurerie et couverture.	92,663 60
Total général.	185,049 fr. 22

Nous n'avons pas cru nécessaire de donner tous les détails du prix de la décoration intérieure de cette église ; elle est toujours subordonnée à la localité et aux ressources des communes. Les autels, les confessionnaux, les vitraux, les peintures historiques peuvent s'exécuter de tant de manières qu'il est inutile d'estimer d'avance leur valeur, mais nous avons la conviction que pour une église dont le vaisseau aurait l'assentiment du public et des paroissiens, où il ne manquerait plus que l'ornementation intérieure, il y aurait beaucoup de personnes pieuses qui s'empresseraient d'adopter une chapelle et de la décorer à leurs frais : il y en a de nombreux exemples. L'église Notre-Dame-de-Bon-Secours, près Rouen, et plusieurs autres édifices religieux en sont la preuve.

Paris. — Imprimerie de Schiller aîné, rue du Faub.-Montmartre, [illegible]

ÉGLISE SAINT EUGÈNE, À PARIS.

PLAN GÉNÉRAL.

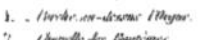

1. Flèche au-dessus l'Orgue.
2. Chapelle des Baptêmes.
3. Chapelle des Mariages intimes.
4. Escalier des Tribunes A et du Clocher.
5. Escalier des Tribunes B et de l'Orgue.
6. Confessionnal 1.
7. Confessionnal 2.
8. Chapelle Saint Pierre.
9. Chapelle Saint Nicolas.
10. Confessionnal 3.
11. Confessionnal 4.
12. Chapelle Sainte Amélie.
13. Chapelle Sainte Cécile.
14. Confessionnal 5.
15. Confessionnal 6.
16. Chapelle Saint Angèle.
17. Chapelle Sainte Catherine.
18. Confessionnal 7.
19. Confessionnal 8.
20. Escalier des Tribunes C du logement du Sacristain et du Suisse.
21. Escalier des Tribunes D et de l'Évêché, ... des Sacristies.
22. Chapelle de la Vierge.
23. Chapelle Saint Eugène.
24. Abside, Maître-Autel.
25. Cabinet du Prédicateur.
26. Cabinet du Curé.

Lusson, Architecte inv. et del.

ÉGLISE SAINT EUGÈNE, À PARIS.

FAÇADE PRINCIPALE.

Lassus, Architecte (inv. et del.)

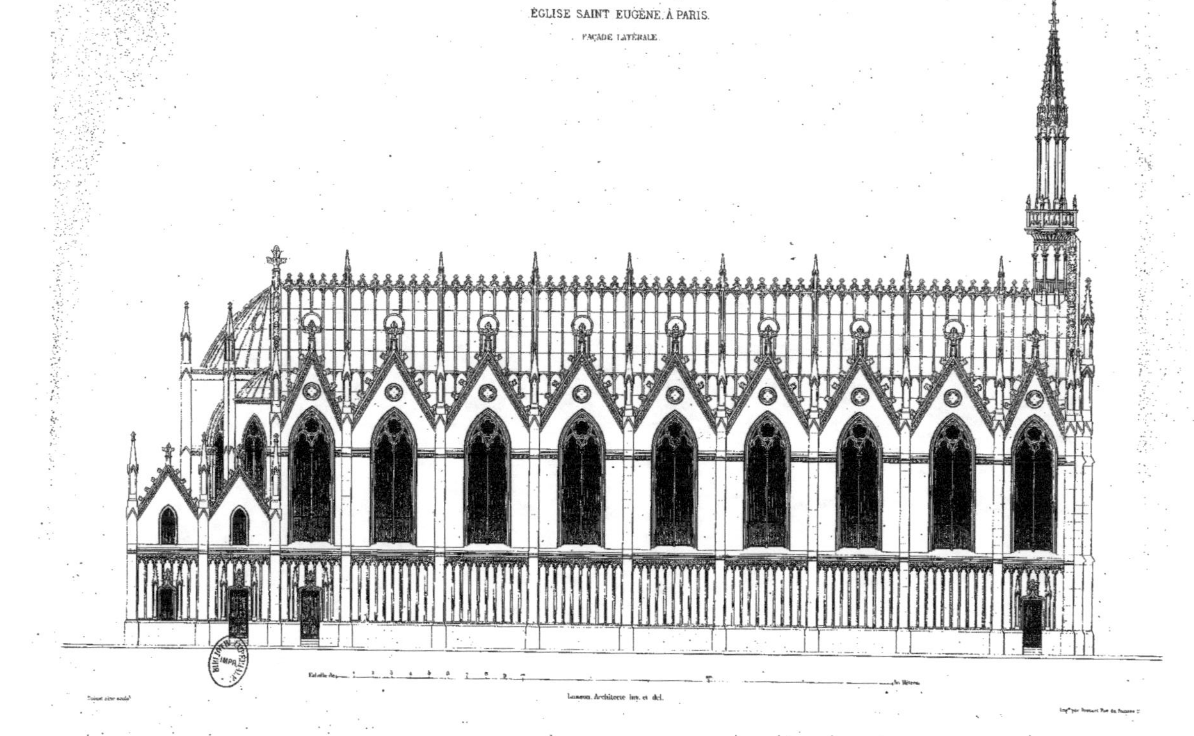

ÉGLISE SAINT EUGÈNE. À PARIS.

FAÇADE LATÉRALE.

ÉGLISE SAINT EUGÈNE, À PARIS

FAÇADE TRANSVERSALE.

Huguet sous sculp.

Lusson, Architecte inv. et del.

Imp.par Bonnet, Rue du Sevres.

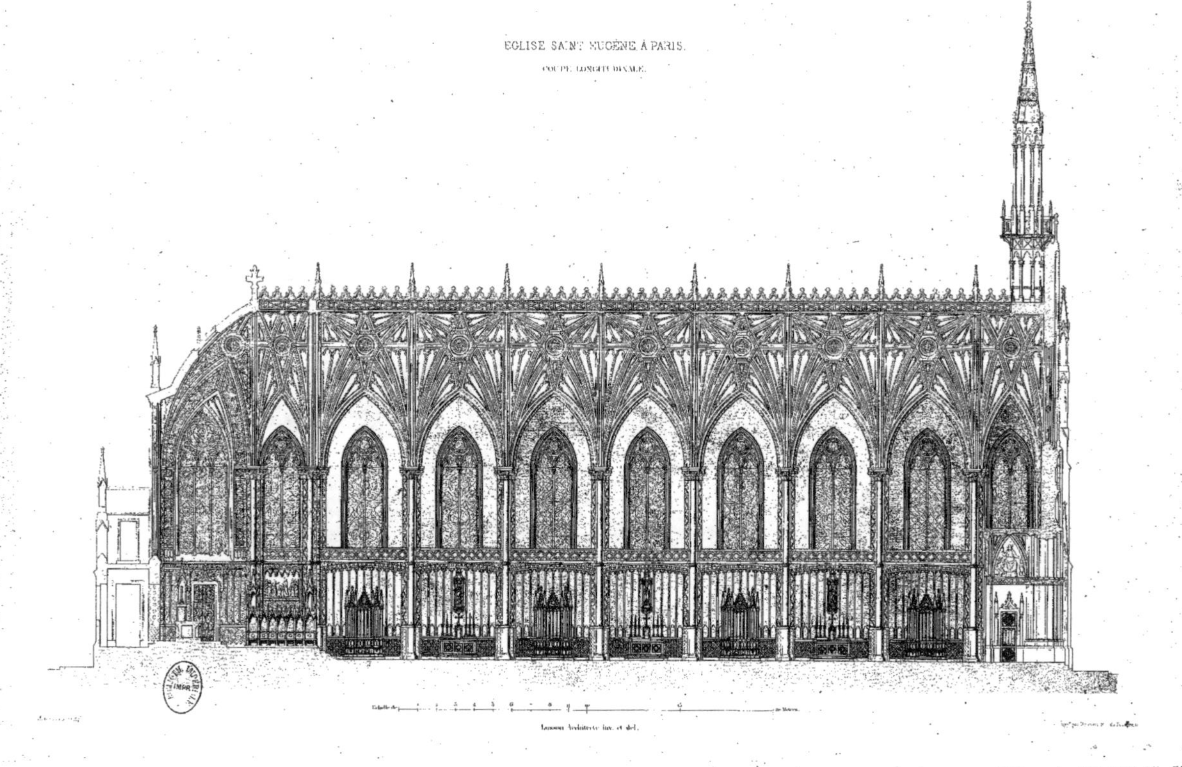

EGLISE SAINT EUGÈNE À PARIS.

COUPE LONGITUDINALE.

Lusson Architecte inv. et del.

* 9 7 8 2 0 1 3 3 6 2 9 7 9 *